BEI GRIN MACHT SICH IHR WISSEN BEZAHLT

Bibliografische Information der Deutschen Nationalbibliothek:

Die Deutsche Bibliothek verzeichnet diese Publikation in der Deutschen National-
bibliografie; detaillierte bibliografische Daten sind im Internet über http://dnb.d-
nb.de/ abrufbar.

Impressum:

Copyright © 2016 GRIN Verlag, Open Publishing GmbH
Druck und Bindung: Books on Demand GmbH, Norderstedt Germany
ISBN: 9783668367135

Dieses Buch bei GRIN:

http://www.grin.com/de/e-book/347143/leitfaden-zu-teamentwicklungstrainings

Miriam Walchshäusl

Leitfaden zu Teamentwicklungstrainings

Vortragsausarbeitung und Folienpräsentation am Beispiel eines fiktiven Krankenhauses

GRIN Verlag

GRIN - Your knowledge has value

Der GRIN Verlag publiziert seit 1998 wissenschaftliche Arbeiten von Studenten, Hochschullehrern und anderen Akademikern als eBook und gedrucktes Buch. Die Verlagswebsite www.grin.com ist die ideale Plattform zur Veröffentlichung von Hausarbeiten, Abschlussarbeiten, wissenschaftlichen Aufsätzen, Dissertationen und Fachbüchern.

Besuchen Sie uns im Internet:

http://www.grin.com/

http://www.facebook.com/grincom

http://www.twitter.com/grin_com

Hausarbeit

Ein Leitfaden zu Teamentwicklungstrainings im Krankenhaus DHM

Abgegeben am 31.10.2016 im Prüfungssekretariat

SRH Fernhochschule Riedlingen

Modul: Kommunikation und Führung

Studiengang: Wirtschaftspsychologie

1 Inhaltsverzeichnis

2 Abkürzungsverzeichnis

DHM = Deutsches Herzzentrum „M"

TN = Teilnehmer

TZI = Themenzentrierte Interaktion

3 Anlagenverzeichnis

4 Leitfaden zu Teamentwicklungstrainings im Krankenhaus

4.1 Einleitung

Viele Forschungsberichte belegen, dass gut gestaltete Teamarbeit die Ausführung von Arbeitstätigkeiten in kommunikationsförderlicher, innovativer, flexibler und selbst-kontrollierter Hinsicht unterstützt. [1] [2] [3] [4] [5] Praxisbeispiele zeigen außerdem, dass daraus zusätzlich erhöhte Arbeitsmotivation, Durchlaufzeitenreduzierung, flexiblerer Einsatz von Personal, sowie Erreichung von Mitarbeiterzielen resultieren.[6]

Besonders wichtig ist die reibungslose und möglichst optimale Zusammenarbeit von Teams, deren Arbeitsgegenstand andere Menschen in kritischem Gesundheitszustand sind. Schwestern und Pflegern auf Krankenstationen müssen sich gemeinsam für ihre Patienten engagieren, gut miteinander kommunizieren, sowie sich gegenseitig in Stress- und Notfallsituationen hilfsbereit zur Seite stehen.

Im Deutschen Herzzentrum „M" (im Folgenden DHM) sollen daher ab der kommenden Woche Entwicklungstrainings für alle Stationspflegeteams des Hauses durchgeführt werden. Für die Führungskräfte des Klinikums, die Stationsleiter, wird eine 25minütige Schulung durchgeführt. Diese stellt Information, sowie einen Leitfaden für die kommenden Trainings bereit.

Im Folgenden wird der Schulungsvortrag aus der Moderationsperspektive beleuchtet.

[1] Vgl. Antoni, C.: 2007.
[2] Vgl. Seibert, S.E.: 2011.
[3] Vgl. Stewart, G.L.: 2006.
[4] Vgl. van Dick, R.: 2013.
[5] Vgl. Zwick, T.: 2004.
[6] Vgl. Schuler, H.A.: 2014, S. 939.

4.2 Leitfaden

Der Vortrag beginnt am 31.10.2016 pünktlich um 8.30 Uhr. Der Raum wurde vorab mit einer Halbkreisbestuhlung für ca. 20 Personen vorbereitet und die erste Folie der PowerPoint-Präsentation gestartet (Folie 1).

Die Moderation findet im Bewusstsein des Kommunikationsmodell von Schulz von Thun[7], und unter gezieltem Einsatz nonverbaler Kommunikationselemente (Freundliche Mimik, Lebendige Gestik, Blickkontakt zu den Zuhörern, aufrechte Körperhaltung) statt.

Zunächst erfolgen die freundliche Begrüßung aller anwesenden Stationsleitungen und ein Dank, dass Sie sich für diesen Vortrag Zeit nehmen. Durch einen Cartoon wird die Stimmung erheitert und damit die Atmosphäre gelockert (Folie 2). Die Teilnehmer stimmen sich auf den Vortrag ein und beschäftigen sich erstmals gedanklich mit dem Thema, das hierdurch auf spielerische Art und Weise aufgegriffen wird.

Kurzes Ideenblitzlicht zum Thema. Es folgen eine knappe inhaltliche Übersicht über den Vortrag und der Hinweis an die Teilnehmer, dass Zwischenfragen jederzeit erbeten sind (Folie 3).

Als Teamentwicklungstraining bezeichnet man die Gesamtheit aller Maßnahmen, die zur Optimierung der Zusammenarbeit von Teammitgliedern angewendet werden. Sie zielen darauf ab, das Effizienz- und Humanitätspotenzial der Gruppe zu steigern, indem sie sachlich-effiziente und menschliche-angenehme Zusammenarbeit fördern (Folie 4).[8]

Es folgt ein kurzes Brainstorming, aufgrund welcher Probleme innerhalb der Pflegeteams ein Teamentwicklungstraining notwendig wird.[9] Aus diesen Schwierigkeiten resultieren direkt ein erhöhter Krankenstand, eine höhere Arbeitsbelastung und eine verringerte Pflegequalität. Dies alles führt zu gehäuften Kündigungen. Dem bereits täglich spürbaren Pflegenotstand auf den Stationen ist dies nicht zuträglich (Folie 5).

---

[7] Vgl. Von Thun, F.S.: 1981, S. 13f.
[8] Vgl. Bender, S.: 2015, S. 149f.
[9] Vgl. Comelli, G.: 2009, S. 362.

Individuelle Probleme von Einzelnen werden nicht im Team bearbeitet, sondern nur zu zweit mit dem Betroffenen. Team- und Prozessthemen, die aus der Zusammenarbeit in der Gruppe resultieren, werden hingegen vom ganzen Team besprochen. Um die bestehenden Probleme strukturiert und effizient angehen zu können, werden wünschenswerte Zustände = Ziele für die Pflegeteams formuliert (Folie 6).[10] Im Entwicklungstraining des DHM liegt der Fokus für die Pflegeteams hierbei auf teamfördernden Funktionen (zur Entwicklung eines Wir-Gefühls) und der Aufhebung von teamstörenden Funktionen, wie Konflikten und unkollegialem Verhalten.[11]

Damit das Entwicklungstraining wirksam ist, sind unbedingt von jedem einzelnen Teilnehmer bestimmte Voraussetzungen einzuhalten (Folie 7). Dies schließt die anwesenden Führungskräfte, die Stationsleiter ein. Am Teamtraining selbst werden diese nicht teilnehmen, da manche Teammitglieder gehemmt oder Abmachungen wirksam sein könnten, die Einzelne binden.[12]

Nun erfolgt ein Überblick über das Teamentwicklungstraining im DHM (Folie 8). Das Training besteht aus drei Phasen, die zu unterschiedlichen Zeitpunkten ablaufen. Ein genauer Zeitplan mit Datumsangaben gibt den Führungskräften konkrete Anhaltspunkte wann welche Maßnahmen durchgeführt werden.

In Phase 1 steht die Diagnose und Selbstreflexion der Gruppe im Vordergrund (Folie 9). Sie stellt die Basis für alle weiteren Maßnahmen dar, die sich auf ihren Ergebnissen gründen.[13] Für ein umfassende Meinungserfassung und Problemfeststellung werden im DHM drei Methoden (Selbstreflektive Verfahren, Gruppenverfahren, Befragung) miteinander kombiniert. So erfolgt nicht nur eine gründliche Bestandsaufnahme und Bedarfsermittlung, sondern auch eine Sensibilisierung des Teams für ihre internen Vorgänge (Folie 10). Das Entwicklungstraining wurde zwar bereits vorab grob konzipiert, kann aber noch – je nach auftauchenden Problemen in der Phase 1 – auf die jeweilige Station individualisiert werden.

---

[10] Vgl. Haug, C.V.: 2009, S. 176ff.
[11] Vgl. Bender, S.: 2015, S. 150.
[12] Vgl. Langmaack,B.&Braune-Krickau, M.: 2000, S. 18.
[13] Vgl. ebenda, S. 18.

In Phase 2 werden die festgestellten Probleme mit zielführenden Maßnahmen bearbeitet. Ein Überblick zeigt, dass das DHM aus der Vielzahl der heutigen Trainingsmöglichkeiten[14] ein wirksames Kombinationsprogramm aus In- und Outdoortraining zusammengestellt hat, das an zwei aufeinanderfolgenden Tagen stattfindet (Folie 11). Hier wurde eine Systematisierung nach dem Ort des Trainings gewählt.[15]

Den ersten Tag der Phase 2 verbringen die Pflegeteammitglieder mit Indoor-Training. Es kommen verschiedene methodische Elemente zum Einsatz (Folie 12). Vorträge (= Frontalunterricht) von Pflegefachkräften in Führungspositionen (den Stationsleitern) und von externen Pflegeteamberatern. Hierbei wird den Teilnehmern wünschenswertes Wissen in komprimierter Funktion nahegebracht. Die Themenschwerpunkte liegen hierbei im DHM auf dem Kommunikations- und Konfliktlösungsbereich. Studien belegen, dass die Vortragsmethode einen hohen Verhaltens- und Resultateffekt zeigt.[16] Einzelarbeiten, wie Kärtchenabfragen oder schriftliche Feedbacks, binden jedes Teammitglied ein und sorgen dafür, dass auch unkonventionelle Ideen, eigene Meinungen und Erfahrungen eingebracht werden. Durch Gruppenübungen wird das Team zu einer direkten Zusammenarbeit veranlasst. In Kleingruppen werden Themen erarbeitet, die dann dem Gesamtteam präsentiert werden.[17]

Der zweite Tag der Durchführungsphase ist dem Outdoor-Training gewidmet, welches am Fuße der bayerischen Alpen in einer arbeitsfremden Umgebung stattfinden wird (Folie 13). Der Nutzen von Outdoor-Trainings wird in der Fachwelt stark diskutiert,[18] [19] [20] das DHM hat sich trotzdem für die Durchführung eines solchen entschieden. Die ausgewählten Übungen verfolgen das Ziel, Vertrauen aufzubauen, das Kommunikationsverhalten zu verbessern und die Kooperation innerhalb der Pflegeteams zu fördern.[21] Ein Spinnennetz muss von allen Teammitgliedern durchquert werden – jedoch darf jede Öffnung nur einmalig verwendet und die Schnüre dabei nicht berührt werden. Die TN unterstützen sich dabei

[14] Vgl. Schwuchow, K.A.: 2011.
[15] Vgl. Staufenbiel, T.: 2011.
[16] Vgl. Burke, M.J.: 1986.
[17] Vgl. Schuler, H.A.: 2014, S. 531.
[18] Vgl. Bartel, W.A.: 1996.
[19] Vgl. Kölblinger, M.: 2004.
[20] Vgl. Obermeyer, K.&Pühl, H.: 2015, S. 113f.
[21] Vgl. Kanning, U.P.: 2007.

8

gegenseitig. Beim Vertrauensgang und dem 3D-Minenfeld werden die TN paarweise organisiert und jeweils einem der Beiden die Augen verbunden. Die Mitarbeiter lotsen/führen sich gegenseitig durch das Hindernisgelände. Bei einem Wilderness-Training müssen sich die TN gemeinsam in unbekanntem Terrain bewegen, Lösungsstrategien entwickeln, um zum Ziel zu gelangen und sich gegenseitig bei der Erreichung motivieren und unterstützen. [22] Um zusätzlich fachliche Effektivität zu trainieren, findet eine Reanimationsübung in Form eines Development Centers statt. Die Hälfte des Teams nimmt eine Beobachterrolle ein, während die andere Hälfte vor eine unerwartete pflegerische Notfallsituation gestellt wird und gemeinsam handeln muss. Anschließend werden Erfahrungen und Verbesserungsmöglichkeiten gemeinsam besprochen und die Rollen für eine weitere Übung getauscht. Durch eine mehrfache Folge von Training und Feedback (unter Beachtung vereinbarter Feedback-Grundsätze)[23] können Verhaltensänderungen initiiert werden.[24] Der Outdoor-Tag wird mit einem gemeinsamen Lagerfeuer, Musik und gemütlichem Beisammensein beendet. Die TN haben die Gelegenheit in lockerer Atmosphäre Erlebtes zu besprechen und zu reflektieren. Da sich im stressigen Pflegealltag auf den Stationen kaum Zeit zu einem ruhigen Gespräch oder gemeinsamen Essen findet, soll auf diese Weise auch der soziale Austausch und das Wir-Gefühl der Gruppe gestärkt werden.

Alle Maßnahmen finden unter Beachtung der Regeln zur „Themenzentrierten Interaktion" (TZI) statt (Folie 14). Das Kommunikationskonzept geht auf Ruth Cohn zurück.[25] Sie beschreibt einen fortwährenden Prozess mit vier Komponenten, die sich im Gleichgewicht befinden müssen, damit Teams leistungsfähig werden. Die Faktoren bestehen aus dem individuellen Bedürfnis („Ich"), dem „Wir" der Gruppe, der Aufgabe des Teams („Es") und der Umwelt, dem umgebenden Organisationssystem. Durch die Reduzierung des Teams auf drei wesentliche Aspekte und den zusätzlichen Faktor der Umwelt, wird die Komplexität der Gruppe vereinfacht. Damit werden viele Situationen und Probleme in Teams erklärbar und erfolgreich steuerbar, indem gezielte Maßnahmen ergriffen werden können.[26]

[22] Vgl. Nöbauer, B.& Kriz, W.C.: 2006, S. 185f.
[23] Vgl. Vergnaud, M.: 2004, S. 158ff.
[24] Vgl. Schuler, H.&Kanning U.P.: 2014, S. 532.
[25] Vgl. Cohn, R.C.: 2009, S. 123ff.
[26] Vgl. Haeske, U.: 2008, S. 24f.

Von besonderer Wichtigkeit ist die Nachfassaktion, die innerhalb der nächsten drei Monate einen Tag lang stattfindet (Folie 15). Sie dient nicht nur der Evaluation des Teamfortschritts in den vereinbarten Bereichen, sondern besitzt zusätzlich eine wichtige Aktivierungsfunktion.[27]

Haben die Zuhörer Kenntnisse über das Johari-Fenster (kurze Zwischenfrage)? (Folie 16) 1971 von J. Luft und H.Ingham entwickelt, stellt es sehr anschaulich die erwünschte Veränderung der Fremd- und Selbstwahrnehmung im Entwicklungstrainingsprozess dar.[28] Ziel der Trainingsmaßnahmen ist es, durch das Feedback des Teams, den „Öffentlichen Bereich" (bewusste Wahrnehmung, Informationen werden an Gruppe weitergegeben) des Einzelnen zu vergrößern und den „Blinden Fleck" (Unbewusstes/Verdrängtes, das Außenstehenden auffällt) zu verkleinern. Die Teammitglieder werden im Umgang miteinander offener und tauschen auch Privates aus. Dies resultiert in einer Verkleinerung des „Geheimen Bereichs". Durch Trainings in Extremsituationen kann auch der „Unbekannte Bereich" verkleinert werden. Abhängig sind diese Ergebnisse jedoch von der Bereitwilligkeit des Einzelnen sich zu öffnen und Kritik konstruktiv anzunehmen.[29]

Der Erfolg des Entwicklungstrainings im DHM wird von der Einhaltung gewisser Parameter beeinflusst (Folie 17). Gerade an die Stationsleitungen gilt der Appell, dass sie Ihrem Team mit gutem Beispiel vorangehen sollten. Das Team wächst auch durch Anerkennung ihrer Führungskraft.[30] Die Stationsleiter werden dazu angehalten, die Bereitschaft ihrer Mitarbeiter zum Training anzuerkennen und dies der Gruppe positiv rückzumelden.

Die Zusammenfassung komprimiert den Leitfaden auf die drei Phasen des bevorstehenden Entwicklungstrainings (Folie 18). Anschließend besteht die Möglichkeit, offen gebliebene Fragen zu klären (Folie 19). Der Moderator bedankt sich freundlich bei den Stationsleitungen für Ihre Aufmerksamkeit und die zukünftige gute Zusammenarbeit (Folie 20).

Der Vortrag endet pünktlich um 8.55 Uhr.

---

[27] Vgl. Bernitze, F.H.&Ebert-Steinhübel, A.: 2013, S. 94.
[28] Vgl. Luft, J.&Ingham, H.: 1955.
[29] Vgl. Bernitze, F.H.&Ebert-Steinhübel, A.: 2013, S. 95.
[30] Vgl. Becker, H.: 2009, S. 143.

5 Anlagen

Folie 1: Entwicklungstrainings für Stationsteams am DHM

11

Abbildung wurde für die Veröffentlichung entfernt.

Folie 2: Cartoon

Leitfaden Entwicklungstraining im DHM - Agenda

1. **Einführung**
   - Definition des Entwicklungstrainings
   - Probleme der Teamarbeit
   - Ziele für die Teamarbeit
   - Voraussetzungen des Entwicklungstrainings

2. **Entwicklungstraining**
   - Überblick
   - Phase 1
   - Phase 2
   - Phase 3

3. **Zusammenfassung**

Miriam Waichshäusl - © 2016

Folie 3: Agenda

Teamentwicklungs-training

Was ist das?

= Maßnahmen zur Optimierung der Zusammenarbeit von Teammitgliedern

- Sachlich - effiziente Ebene
- Menschlich - angenehme Ebene

Steigerung des Teampotenzials

im Hinblick auf Effizienz und Humanität

1. Einführung
Miriam Walchshäusl - © 2016

Folie 4: Teamentwicklungstraining - Was ist das?

- Ineffektive Pflegebesprechungen
- Kommunikation im Team/zwischen Mitarbeitern und Vorgesetzten unzureichend
- Auftreten von Missverständnissen und Kommunikationsstörungen
- Misstrauen und Konflikte im Team
- Leistungsabfall, Resignation und verringertes Engagement beim Einzelnen

1. Erhöhter Krankenstand
2. Niedrigere Pflegequalität
3. Erhöhte Arbeitsbelastung
4. Vermehrte Kündigungen

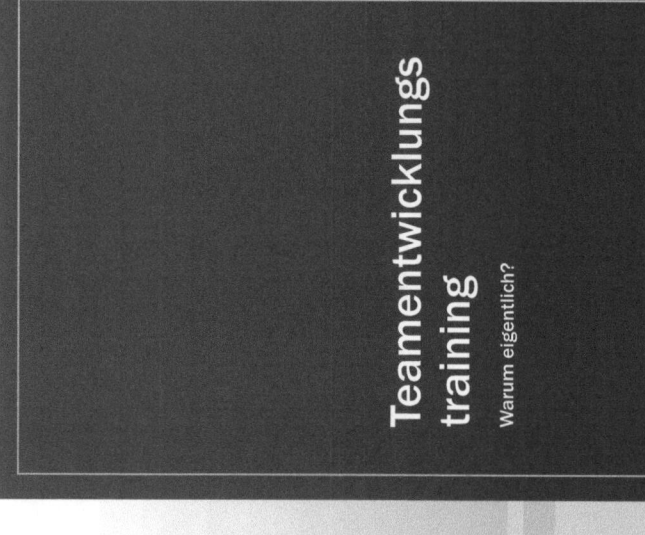

Teamentwicklungs training

Warum eigentlich?

1. Einführung
Miriam Waichshäusl - © 2016

Folie 5: Entwicklungstraining - warum eigentlich?

Teamentwicklungs training

Was möchten wir erreichen?

- Hohe Kommunikationsfähigkeiten bei Mitarbeitern und Stationsleitungen

- Optimierte Besprechungskultur und Infoverhalten

- Bereinigung von Konflikten

- Verbesserung der Kritikfähigkeit und des Feedbackverhaltens

- Erlernen, Konflikte positiv zu nutzen

- Beziehungsklärung/-verbesserung

- Erhöhung von Aufmerksamkeit und Hilfsbereitschaft für Teammitglieder

- Erhöhung gegenseitiger Akzeptanz und Vertrauen

- Entwicklung eines „Wir-Gefühls"

1. Einführung
Miriam Walchshäusl - © 2016

Folie 6: Entwicklungstraining - was möchten wir erreichen?

Die Teilnehmer sind:

- Offen,
- Ehrlich,
- Vertraulich,
- Gegenseitig wertschätzend,
- Engagiert.

Voraussetzungen

Notwendige Gegebenheiten für ein
wirkungsvolles Entwicklungstraining

1. Einführung
Miriam Walchshäusl - © 2016

Folie 7: Voraussetzungen

Entwicklungstraining im DHM – Ablauf und Timeline

	Phase 1 Diagnose und Selbstreflexion	Phase 2 Durchführung des Trainings	Phase 3 Nachfassen und Reflexion
Inhalt	Erhebung von Daten, Fakten, Hintergrundinformationen durch den Moderator	Durchführung zielorientierter Maßnahmen in verschiedenen Arbeitsfeldern	Evaluation der Wirkung initiierter Prozesse
Dauer	1 Tag	2 Tage	1 Tag

Heute
(31.10.2016)

Phase 1
(7.11.2016)

Phase 2
(16./17.11.2016)

Phase 3
(26.01.2017)

2. Entwicklungstraining
Miriam Walchshäusl · © 2016

Folie 8: Teamentwicklungstraining - Ablauf und Timeline

Phase 1: Diagnose und Selbstreflexion

- Ausgangspunkt

- Erkenntnisse über Teamzusammensetzung und teaminterne Prozessabläufe

- Basis zur Ableitung von Maßnahmen

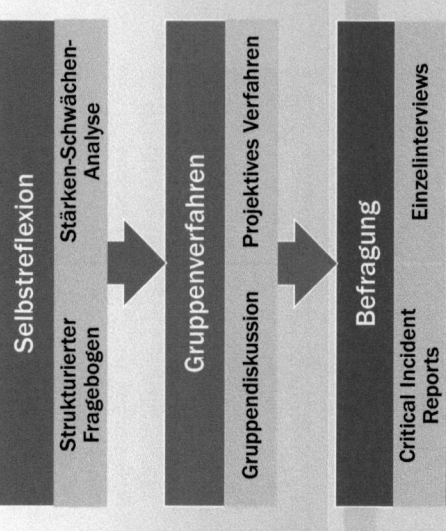

Selbstreflexion

| Strukturierter Fragebogen | Stärken-Schwächen-Analyse |

Gruppenverfahren

| Gruppendiskussion | Projektives Verfahren |

Befragung

| Critical Incident Reports | Einzelinterviews |

Folie 9: Phase 1 - Diagnose und Selbstreflexion

Phase 1: Was wir damit erreichen

- Starten eines Dialogs im Team

- Initiierung von Feedback-Abläufen im Team

- Informationssammlung über aktuelle Situation und Atmosphäre im Team

- Ermittlung von Schwerpunkten der Teamentwicklungsmaßnahmen

- Erhöhung der selbstdiagnostischen Fähigkeiten des Teams

- Verbesserung der Wahrnehmung für gruppeninterne Prozesse

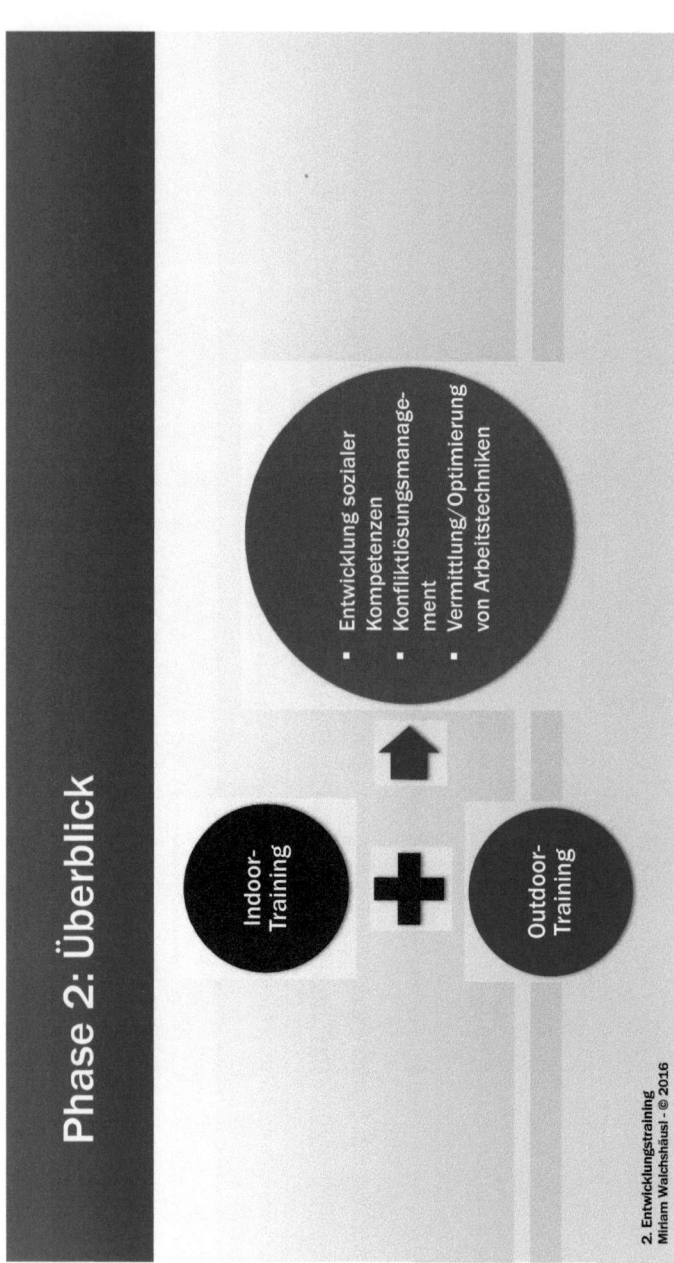

Phase 2: Überblick

Indoor-Training

+

Outdoor-Training

- Entwicklung sozialer Kompetenzen
- Konfliktlösungsmanagement
- Vermittlung/Optimierung von Arbeitstechniken

Phase 2: Tag 1 mit Indoor-Training

Vorträge	Einzelarbeit	Kleingruppenarbeit
• Stationsleitungen • Externer Pflegeteamexperte	• Kartenabfrage zu Erwartungen • Feedback an Kolleginnen	• Diskussionsrunde • Präsentation erarbeiteter Ergebnisse

22

Phase 2: Tag 2 mit Outdoor-Training

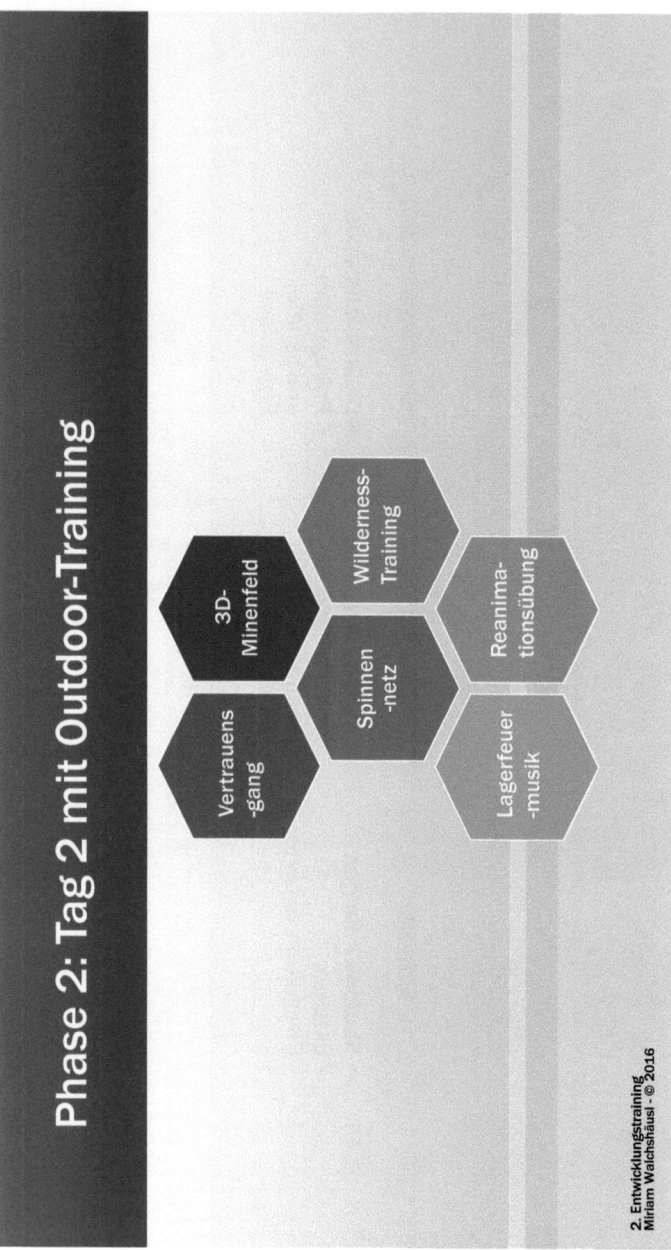

Folie 13: Phase 2 - Outdoor-Training

Regeln der Themenzentrierten Interaktion (TZI)

- Ich beobachte eigene und fremde Körpersignale.

- Wir verständigen uns in Stichworten, sodass jeder zu Wort kommt und alle Themen Beachtung finden.

- Ich lasse andere ausreden und höre zu.

- Seitengespräche sind wichtig, denn sie geschehen auf einer tieferen Kommunikationsebene. Daher haben sie immer Vorrang.

- Ich benutze keine Verallgemeinerungen.

- Ich interpretiere andere nicht, sondern konzentriere mich auf meine eigenen Reaktionen und Gefühle.

- Ich bin jederzeit authentisch, jedoch wähle ich meine Worte mit Bedacht und bin mir meiner Gedanken und Gefühle bewusst.

- Ich spreche in „Ich-Form" und nicht in „Wir" oder „Man".

- Ich behandle alle in der Gruppe besprochenen Themen vertraulich.

- Ich bin für mich selbst verantwortlich, was die Wirksamkeit des Entwicklungstrainings betrifft.

2. Entwicklungstraining
Miriam Walchshäusl - © 2016

Folie 14: Regeln der Themenzentrierten Interaktion

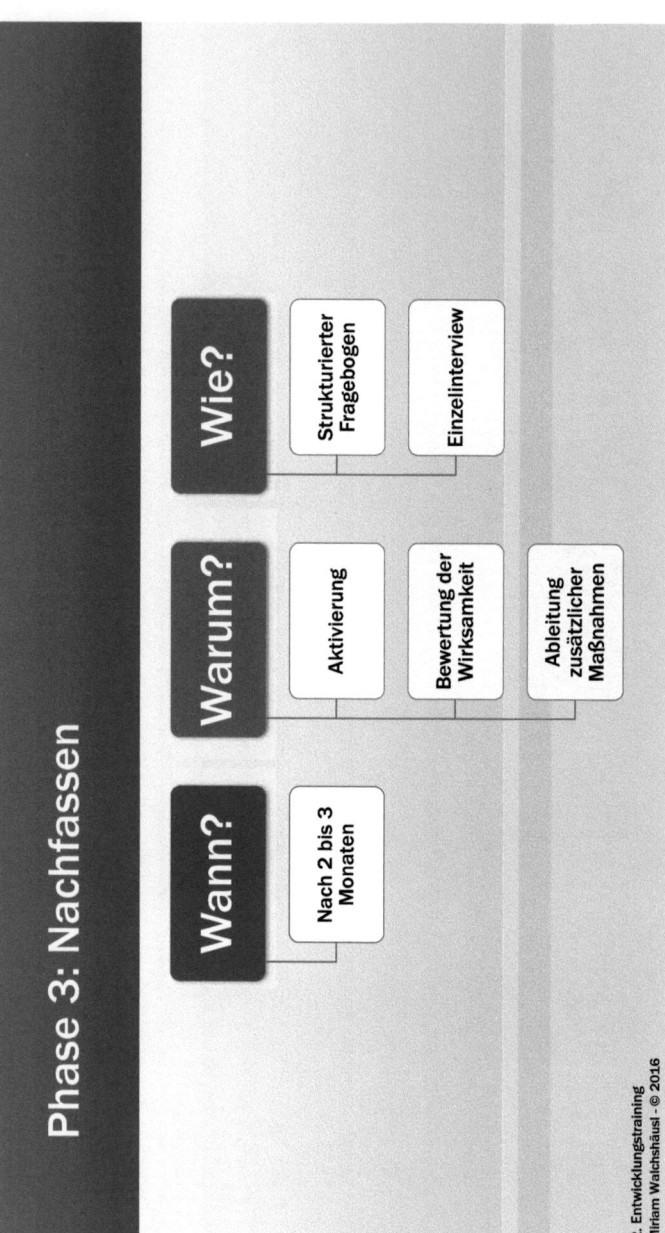

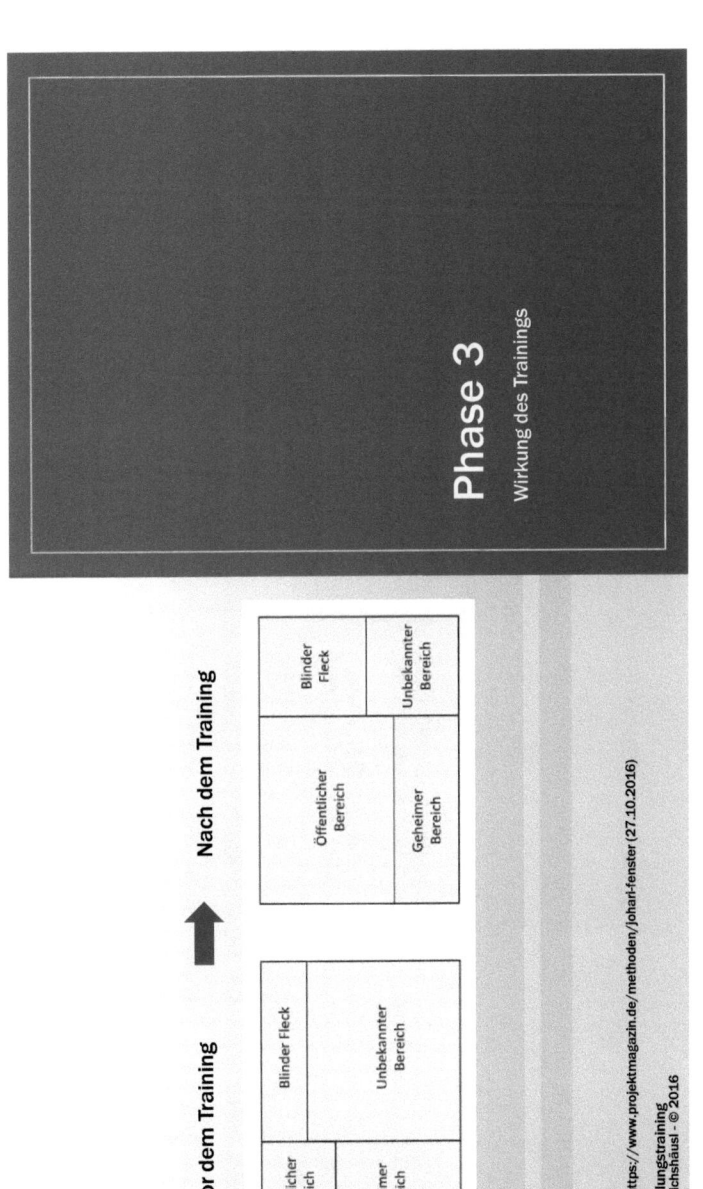

Folie 16: Phase 3 - Wirkung des Trainings

- Stationsleitungen stehen voll und glaubwürdig hinter dem Training

- Konflikte sind kein Störfall, sondern normaler Vorgang und Chance

- Maßnahmen, Ergebnisse, Vereinbarungen werden festgehalten und visualisiert

- Angestoßene Veränderungsprozesse werden konsequent umgesetzt und weiterentwickelt

- Erfolgen einer wiederkehrende Abgleichung des aktuellen Stands mit Zielvereinbarungen der Phase 1

- Teilnehmerverhalten untereinander ist wertschätzend und akzeptierend

- Rollen und Hierarchien sind ungültig während des Trainings

- Einhalten der vereinbarten Verhaltensregeln (Offenheit, Vertraulichkeit, ...) durch alle Teilnehmer

Erfolgsparameter

Erfolg und Prüfbarkeit

Folie 17: Erfolgsparameter

Zusammenfassung

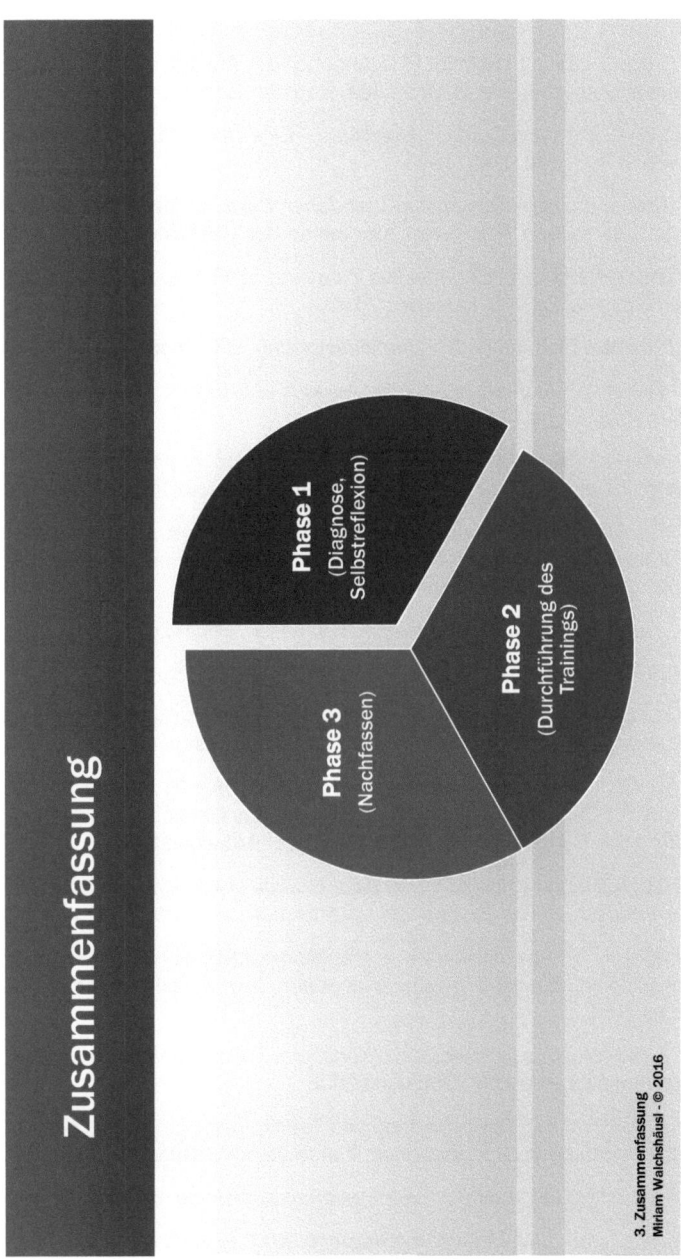

Phase 1
(Diagnose, Selbstreflexion)

Phase 2
(Durchführung des Trainings)

Phase 3
(Nachfassen)

3. Zusammenfassung
Miriam Walchshäusl - © 2016

Folie 18: Zusammenfassung

6 Literaturverzeichnis

Antoni, C.: *Gruppenarbeit*. In Schuler,H.: Handbuch der Arbeits- und Organisationspychologie, S. 679 - 689, Hogrefe. Göttingen 2007

Bartel, W.A.: *Evaluation von Outdoor-Aktivitäten—Eine Übersicht über 53 Studien.* erleben und lernen 4, S. 140 - 143, 1996

Becker, H.: *Teamführung: 9 Kunststücke, mit denen Sie aus Einzelkämpfern eine Mannschaft machen*. Frankfurter Allgemeine Buch. Frankfurt am Main 2009

Bender, S.:*Teamentwicklung: Der effektive Weg zum 'WIR'.* Deutscher Taschenbuch Verlag GmbH & Co. KG. München 2015

Bernitze, F.H.&Ebert-Steinhübel, A.: *Teamentwicklung.* SRH Riedlingen. Riedlingen 2013

Burke, M.J.: *A cumulative study of the effectiveness of managerial training.* Journal of Applied Psychology 71.2, S. 232, 1986

Cohn, R.C.: *Von der Psychoanalyse zur themenzentrierten Interaktion: von der Behandlung einzelner zu einer Pädagogik für alle.* Klett-Cotta. Stuttgart 2009

Comelli, G.: *Qualifikation für Gruppenarbeit: Teamentwicklungstraining.* In Rosenstiel, L.V.: Führung von Mitarbeitern: Handbuch für erfolgreiches Personalmanagement , S. 360 - 387, Schäffer-Poeschel. Stuttgart 2009

Haeske, U.: *Team-und Konfliktmanagement.* Cornelsen. Berlin 2008

Haug, C.V.: *Erfolgreich im Team.* Beck. München 2009

Kanning, U.P.: *Outdoor-Trainings.* In Kanning, U.P.: Förderung sozialer Kompetenzen in der Personalentwicklung, S. 301 - 316, Hogrefe. Göttingen 2007

Kölblinger, M.: *Die überschätzte Wirkung von Hochseilgärten im Management-Training.* In Michl, N.S.: Outdoor-Training. Personal-und Organisationsentwicklung zwischen Flipchart und Bergseil, S. 271 - 298, Reinhardt. München 2004.

Langmaack, B., & Braune-Krickau, M.: *Wie die Gruppe laufen lernt: Anregungen zum Planen und Leiten von Gruppen: ein praktisches Lehrbuch.* Beltz. Weinheim 2000

Luft, J.&Ingham, H.: *The Johari window, a graphic model of interpersonal awareness. Proceedings of the western training laboratory in group development.* UCLA. Los Angeles 1955

Nöbauer, B.&Kriz, W.C.:*Teamkompetenz. Konzepte, Trainingsmethoden, Praxis.* Vandenhoeck & Ruprecht. Göttingen 2006

Obermeyer, K.A.&Pühl, H.: *Teamcoaching und Teamsupervision: Praxis der Teamentwicklung in Organisationen.* Vandenhoeck & Ruprecht. Göttingen 2015

Schuler, H.&Kanning, U.P.: *Lehrbuch der Personalpsychologie.* Hogrefe. Göttingen 2014

Schwuchow, K.A.: *Jahrbuch Personalentwicklung 2011: Ausbildung, Weiterbildung.* Management Development. Köln 2011.

Seibert, S.E.: *Antecedents and consequences of psychological and team empowerment in organizations: a meta-analytic review.* Journal of Applied Psychology, S. 981, 2011

Staufenbiel, T.: *Grundlagen der Personalentwicklung.* In Kanning, U.P.: Organisationspsychologie, S. 105 - 131, Hogrefe. Göttingen 2011

Stewart, G. L.: *A meta-analytic review of relationships between team design features and team performance.* Journal of management 32.1, S. 29 - 55, 2006

van Dick, R.: *Teamwork, Teamdiagnose, Teamentwicklung.* Hogrefe. Göttingen 2013

Vergnaud, M.: *Teamentwicklung.* Urban&FischerVerlag. München 2004

von Thun, F.S.: *Miteinander reden 1: Störungen und Klärungen. Allgemeine Psychologie der Kommunikation.* Rowohlt. Reinbek 1981

Zwick, T.: *Employee participation and productivity.* Labour Economics 11.6 , S. 715 - 740, 2004